I0886496

Soul of Detroit

EINZIGARTIGE ERLEBNISSE

VON MARGOT GUICHETEAU

JONGLEZ VERLAG

Reiseführer

CREDIT
SIMMONS AND CLARK
JEWELERS
BULOVA WATCHES
BULOVA
Detroit
BEER CO
EST. 2003 · DETROIT, MICHIGAN
IRONS

ES GIBT EINE WIDERSTANDSKRAFT,
DIE SICH AUS DER TIEFE DEINER
STRASSEN ERHEBT

EMINEM - ***LETTER TO DETROIT***

Margot Guicheteau ist ganz und gar begeistert von Detroit, der Heimatstadt ihrer ursprünglich aus Polen stammenden Familie mütterlicherseits. Die Pariser Journalistin verließ Paris, um sich mitten in der „Motor City“ niederzulassen. Sie baute sich hier ein ausgefallenes Designer-Haus im aufstrebenden Stadtteil Core City. Als Vorsitzende des Ortsvereins arbeitet sie aktiv mit der Stadt zusammen, um zur Aufwertung des Viertels beizutragen. Immer auf der Suche nach neuen Horizonten streift sie unermüdlich durch Detroit, um bisher unbekannte, ungewöhnliche Orte zu entdecken.

Auf den ersten Blick erscheint Detroit sehr komplex. Die von der Wirtschaftskrise gebeutelte Stadt trägt ihre Narben und zeigt auch die Spuren ihrer reichen Vergangenheit. Eben diese Vergangenheit machte die „Motor City" zu einer der wichtigsten Städte der Vereinigten Staaten. Detroit ist sich selbst treu geblieben: resilient, ehrlich, elegant.

Die Stadt ist groß, die renovierten Stadtteile sind Enklaven, die Räume dazwischen sind noch im Umbruch begriffen.

Anfangs fällt einem die Orientierung etwas schwer. Doch öffnet man ein paar Türen, versteht man die Stadt immer besser und taucht in ihre Geheimnisse und ihre Identität ein.

Und dann präsentiert sich die Stadt Detroit, stolz auf ihr reiches Erbe, den Blick in die Zukunft gerichtet, ohne jemals ihre Authentizität zu verleugnen. Hier hat man es nie satt, von der Stadt zu sprechen. Sie gehört zur Seele ihrer Einwohner, die sie gerettet, neu erfunden und neu benannt haben. Sie ist ein Entfaltungsraum, der tagtäglich als Inspiration dient.

WAS SIE IN DIESEM REISEFÜHRER **NICHT FINDEN**

- Urbex-Locations zum Fotografieren
- städtische Bauernhöfe
- die Liste aller berühmten Künstlerinnen und Künstler, deren Werke im Detroit Institute of Art ausgestellt sind

WAS SIE IN DIESEM REISEFÜHRER **FINDEN**

- Pralinen zu 100 % aus Detroit
- eine Bar, in der Sie Feather Bowling lernen können
- eine orthodoxe Kirche, in der Bœuf Stroganoff serviert wird
- einen Club, der sich im Untergeschoss eines halb verlassenen, alten Hotels versteckt
- die Jünger von Hare Krishna
- ein russisches Trocken- und Dampfbad, wie man es sonst nicht zu sehen bekommt

DIE SYMBOLE VON **DETROIT**

Von
0 bis 20 $

100 %
Detroit

Total
„Underground“

Historische
Stätte

Anfahrt mit
dem Auto

Informieren Sie sich zur Sicherheit vor dem Besuch der hier vorgestellten Orte im Internet über die aktuell geltenden Öffnungszeiten.

30 ERLEBNISSE

01. Tagsüber Coffee-Shop, abends Techno-Club
02. Ein echter Underground-Club
03. Schatzsuche in einem riesigen Second-Hand-Buchladen und Antiquariat
04. Das etwas andere Karaoke
05. Das Beste von Jazz, Blues und Motown
06. Besuch im größten Freimaurertempel der Welt
07. Ein Coffee-Shop für Musikbegeisterte und Intellektuelle
08. Pralinenverkostung bei Bon Bon Bo
09. Eine Zeichenstunde im Privatclub
10. Core City entdecken – das experimentelle Viertel
11. Soul Food in der Baulücke
12. Baskischen Käsekuchen mit Essig-Reduktion schlemmen
13. Essen wie in El Salvador
14. Drei ganz besondere Kinos
15. Ein futuristischer Spielplatz
16. Ein Museum, das an die Kraft afrikanischer Tradition erinnert

17. Pause machen, bei Yoga und köstlicher Bouillon
18. Zum Abschlagen mit Birkenquasten in die Sauna
19. In einer ungewöhnlichen Bar die Welt des „Magick" erkunden
20. Top-Tipps – die besten Adressen zum Fischessen
21. Erstaunliche Gärten auf verlassenen Grundstücken
22. Pie-Tasting bei Lisa Ludwinski
23. Die angesagteste Bierkneipe der Stadt
24. Die Geheimnisse von Belle Isle aufdecken
25. Mittagessen, Meditation und Yoga im Hare-Krishna-Tempel
26. Ein ungewöhnliches Erlebnis am Wasser
27. Einführung ins Feather Bowling mit Belgiern
28. Bier und Weißwurst für deutsche Ford-Arbeiter
29. Die kultigsten Donuts der Stadt
30. Fabelhafte Plätze in den Vororten

FOTOS © SPKRBOX / JEFF HAGE

#01

TAGSÜBER COFFEE-SHOP,
ABENDS TECHNO-CLUB

In Downtown, an der Ecke von Grand River Avenue und Griswold Street, liegt ein Gebäude aus den 1960er-Jahren, die Fassade ganz aus Glas und orangefarbenen Elementen. Das Lokal bleibt seiner Zeit und seinem psychedelischen Look treu, selbst wenn die dunklen Holzwände, die kleinen achteckigen Tische und die mit orangenfarbenem Leder verkleidete Bar inzwischen renoviert wurden.

SPKRBOX
200 GRAND RIVER AVE

(313) 496-1010

spkrbox.bar
Instagram: @spkrbox.detroit

In den länglichen, schmalen Raum passen nur wenige Gäste, aber es findet sich doch immer ein Plätzchen. Die Cocktails an der Bar sind kaffeebasiert (unser Favorit ist *El Duderino*). Nach der Bestellung begibt man sich auf die Galerie und hört von dort dem DJ zu. Auch hier ist der Platz begrenzt, doch der Abstecher lohnt sich, insbesondere für den Ausblick auf Downtown, während man den Techno-Beat in sich aufnimmt.

Um 22 Uhr geht es dann ins Untergeschoss. Für zehn Dollar hört man hier den besten Sound der Stadt, auch unter der Woche. Gehen Sie die Treppe neben der Bar hinunter in einen weiteren Raum mit gedämpftem rotem Licht. Die besten aktuellen DJs spielen hier oft inkognito.

#02

EIN ECHTER **UNDERGROUND-CLUB**

Für ein echtes Underground-Erlebnis in Detroit ist der Leland City Club ein Muss. Zuerst geht man durch den Eingang in der Bagley Street, dann die hölzerne Haupttreppe hinauf bis ins Foyer zum Ballsaal des ehemaligen Leland Hotels.

Hier zeigt sich der Prunk vergangener Zeiten: die abblätternde Wandfarbe, der Stuck und die Leuchter von anno dazumal erinnern an einst glorreiche Tage.

Danach geht es hinunter in den Club und sein Industrial-Gothic-Ambiente: schwarze Betonwände mit Graffiti, geschminkte Menschen in trashigen Outfits ...

Die *Goth Nights* sind berühmt-berüchtigt. Doch schauen Sie auf dem Programm auch nach den Techno-Partys, die bis 4 Uhr morgens dauern.

LELAND CITY CLUB
400 BAGLEY ST

(313) 962-2300

lelandcityclub.net
Instagram: @lelandcityclub

CLUB

© DAN GAKEN

© HELMUT ZIEWERS

© DAN GAKEN

#03

SCHATZSUCHE IN EINEM RIESIGEN SECOND-HAND-BUCHLADEN UND ANTIQUARIAT

„Brauchen Sie Hilfe?", fragen die Angestellten hier immer. Sie haben ein Walkie-Talkie in der Hand und reichen Ihnen gleichzeitig einen Plan zur besseren Orientierung.

Niemand weiß wirklich, wie man diesen Ort am besten angeht. In der ehemaligen Handschuhfabrik sind fünf Stockwerke voll mit Second-Hand-Büchern, sämtliche Exemplare angesammelt von Eigentümer John K. King.

Wer hierher kommt, sollte zumindest eine Idee davon haben, welche Kategorie von Büchern er sucht, denn es gibt interessante Fundstücke aller Art. King selbst hat im Lauf der Jahre etliche Schätze gefunden: ein Originalfoto von Mark Twain, das im Umschlag eines seiner Bücher steckte, oder ein Pamphlet aus den 1950er-Jahren mit einem Autogramm von John F. Kennedy ...

JOHN K. KING USED & RARE BOOKS
901 W LAFAYETTE BLVD

(313) 961-0622

johnkingbooksdetroit.com
Instagram: @johnkingbooksdetroit

#04

DAS ETWAS ANDERE **KARAOKE**

Paul Devitt ist der typische New Yorker: Er hat einen ausgeprägten Akzent, ein nonchalantes Auftreten, viel Humor und vor allem sprüht er vor Kreativität. Besonders liebt er Concept-Bars. In New York wurde er mit seiner Beauty Bar bekannt, wo man sich beim Cocktailschlürfen auch die Nägel machen lassen kann. Als diese Idee auch von anderen aufgenommen wurde, wollte er jedoch etwas Neues auf die Beine stellen und beschloss, in New York, Nashville und Detroit Karaoke-Piano-Bars zu eröffnen.

Das kam in der „Motor City" sehr gut an. Die Bar in einer kleinen Straße im Herzen der Stadt ist von Mittwoch bis Samstag gut besucht. Den Eingang findet man, indem man dem schlichten, eleganten Neonschild „Sid Golds" folgt. Innen wird man dann von einem ganz anderen Ambiente empfangen: einer Mischung aus Mid-Century-Style und einem Hauch Vintage-Deko, dazu als musikalischer Hintergrund die Klassiker des Karaoke.

SID GOLD'S REQUEST ROOM
1511 BROADWAY ST

(313) 631-3526

sidgolds.com
Instagram: @sidgolds

© SID GOLD'S REQUEST ROOM

Wenn Paul Devitt gerade in Detroit ist, greift er gern selbst zum Mikrofon und entflammt die Menschenmenge im hinteren Raum, an dessen Decke Wolken und wirbelnde Galaxie-Motive des New Yorker Künstlers Steven Hammel prangen. Sein Lieblingssong? *Suspicious Minds* von Elvis Presley.

Die Gäste wählen Ihre Lieblingslieder aus einer Liste, die über einen QR-Code zugänglich ist und die von den drei monatlich wechselnden Künstlern am Klavier sorgfältig kuratiert wird. Und wenn Sie Glück haben, begegnen Sie hier vielleicht David Ruffin Jr., dem Sohn von Temptations-Sänger David Ruffin.

#05

DAS BESTE VON **JAZZ, BLUES UND MOTOWN**

Als Barry Gordy 1959 das Motown-Label gründete, ahnte niemand, welchen Einfluss es auf die Welt der Musik haben sollte. Manche Kult-Bars von Detroit erhalten diese goldene Ära mit ihren Songs weiterhin am Leben.

> **Raven Lounge:** Mitten in Poletown, dem ehemals polnischen Viertel, das heute jedoch ziemlich verödet ist, finden Sie eine der wenigen noch aktiven Bars: die Raven Lounge. Hier mischen sich Stammgäste aus den umliegenden Straßen mit einem jüngeren Publikum in einem entspannten Grunge-Ambiente.

> **Baker's:** Hierher kommt man für die authentische Stimmung, kann aber auch so tun, als würde sich gleich Nat King Cole ans Klavier setzen oder Ella Fitzgerald auf der Durchreise mit Tommy Flanagan ans Mikrofon treten.

RAVEN LOUNGE
5145 CHENE ST

(313) 924-7133

Facebook: The Raven Lounge

© VALERIE SAMSON

BAKER'S KEYBOARD LOUNGE
20510 LIVERNOIS

(313) 345-6300

bakerskeyboardloungedet.com
Instagram: @bakerskeyboardlounge

CLIFF BELL'S
© JUAN N ONLY

CLIFF BELL'S
2030 PARK AVE

(313) 961-2543

cliffbells.com
Instagram: @cliffbells

CLIFF BELL'S

© TOM HAGERTY

> **Cliff Bell's:** Wer lieber eine elegante Soiree plant, macht sich auf den Weg ins Cliff Bell's. Der smarte Jazzclub zieht Berufstätige an, die hier den ganzen Abend eine Jam-Session nach der anderen genießen. Zum raffinierten Dekor mit viel Bronze und Mahagoni gehört auch ein großes Wandgemälde mit putzigen Katzen am Fluss. Es ist eine Anspielung an den ehemaligen Portier der Bar, Roosevelt Callen, genannt Rosie, der viele streunende Katzen aus dem Nebengebäude rettete.

> **Bert's:** Im Stadtteil Eastern Market wiegt man sich mit vielen anderen im Bert's zum Sound von Motown, Jazz, Blues und sogar Impro, insbesondere am Wochenende, wenn auch der Markt stattfindet. Der große Grill auf der Terrasse ist ein zusätzlicher Anreiz. Wer Lust auf Party hat, ist hier definitiv richtig!

BERT'S MARKET PLACE
2727 RUSSELL ST

(313) 567-2030 | bertsentertainmentcomplex.squarespace.com

© ADOBE STOCK - BELIKOVA OKSANA

#06

BESUCH IM GRÖßTEN **FREIMAURERTEMPEL DER WELT**

Der Masonic Temple in Detroit – der größte Freimaurertempel der Welt – wurde 2022 von Jack White vor dem Ruin gerettet: Der Musiker bezahlte die Schulden in Höhe von 142.000 Dollar.

In dem architektonischen Schmuckstück finden Konzerte und Filmdrehs statt, und einmal im Monat ist das Bauwerk bei einer zweistündigen Führung für die Öffentlichkeit zugänglich (siehe Daten auf der Website).

MASONIC TEMPLE
500 TEMPLE ST

(313) 832-7100

themasonic.com
Instagram: @masonicdet

© JEFF WHITE 2004

Das herrliche 14-stöckige Gebäude enthält unter anderem 26 Logen, eine Kapelle, zwei Theater, zwei Ballsäle und ein berühmtes, halb fertiges Schwimmbad, das aufgrund der Great Depression in den 1930er-Jahren nie vollendet wurde. Stattdessen nutzte man das Schwimmbecken gelegentlich zum Trainieren der Löwen und Tiger des Shrine Circus.

In jüngster Zeit filmte Eminem hier seinen Videoclip zu *Guts Over Fear*.

© ADOBE STOCK - BELIKOVA OKSANA

© 2008, STAN WILSON, JR.

#07

EIN COFFEE SHOP FÜR MUSIKBEGEISTERTE UND INTELLEKTUELLE

Von allen Coffee-Shops in Detroit ist Trinosophes zweifellos derjenige, der sich am meisten durch seine alternative, intellektuelle Atmosphäre auszeichnet.

Für die Eigentümer Joel Peterson (Komponist) und Rebecca Mazzei (Verlegerin, Dichterin und Kuratorin von Kunstausstellungen) ist der Ort weit mehr als nur ein simples Café: Er ist eine echte Tribüne für freischaffende Musikerinnen und Musiker und eine Ideenschmiede mit Diskussionsrunden und Ausstellungen. Jedes Jahr finden im Nebensaal Konzerte statt: Joel und Rebecca setzen den Fokus auf musikalische Qualität, unabhängig vom Genre.

TRINOSOPHES
1464 GRATIOT AVE

(313) 778-9258

trinosophes.com
Instagram: @trinosophes et @cafe.trinosophes

© TRINOSOPHES (INSTAGRAM)

© TRINOSOPHES (INSTAGRAM)

Wer einfach nur die Location genießen will, findet bei Trinosophes eine Karte mit köstlichen Sandwiches, Quiches, Salaten, Suppen und Desserts, eigenhändig zubereitet von einem Team, das ausschließlich aus Künstlerinnen und Künstlern besteht. Hier ist alles vegan und glutenfrei. Bestellen sollte man unbedingt den perfekt gewürzten Chai: Er schmeckt ausgezeichnet.

Zum Café gehört auch eine kleine Bibliothek, die Joel ein befreundeter Historiker vermacht hat.

© DAN DIRITO PHOTOGRAPHY

© TRINOSOPHES (INSTAGRAM)

PICK YOUR BONS

#08

PRALINENVERKOSTUNG
BEI BON BON BON

Ein Besuch bei Bon Bon Bon in Midtown ist einfach Pflicht! Die Pralinen hier sind hundertprozentig *made in Detroit*, und Geschäftsgründerin Alexandra Clark hat selbst auch eine echte Erfolgsstory vorzuweisen.

In einem (bonbon-)rosa Dekor wird man hier vom – vorwiegend weiblichen – Verkaufspersonal im blauen Overall mit rosa Namenschild und einem breiten Lächeln begrüßt. Die Outfits erinnern an die Ursprünge der „Motor City" und an die Automobilindustrie, in der die Arbeiterkultur zu einer treibenden Kraft wurde.

BON BON BON
441 W CANFIELD ST SUITE 12

(313) 316-1430

bonbonbon.com
Instagram: @bonbonbonchocolate

Die Szenerie erinnert an Willy Wonkas Schokoladenfabrik aus Roald Dahls Buch *Charlie und die Schokoladenfabrik*. Doch für Alexandra Clark ist es sehr wichtig, auch die Kulissen zu zeigen: Der Schlüssel zu ihrem Erfolg liegt in der Ehrlichkeit und in der Freude an der Arbeit. Bereits das Aussuchen der Pralinen ist ein Erlebnis. Die zahlreichen Geschmacksrichtungen sind spannend: Erdbeere mit Balsamico, Earl Grey, Crème brûlée, Chili mit Paprika, Kaffee oder Donuts ... Nach der Auswahl wird jede Praline sorgfältig in ein Schächtelchen aus zweilagiger Wellpappe gesetzt – ein Material, das oft in der Automobilindustrie verwendet wird. Diese Verpackung, die Clark selbst entworfen hat, ist inzwischen zum Markenzeichen des Geschäfts geworden.

Entdecken Sie auch die drei wechselnden „bon bon bons“: eine Sorte pro Jahreszeit, eine pro Monat und eine für das aktuelle Sternzeichen. Dazu kommen noch fünf Kollektionen jährlich. Alles zusammen ist dann das gesamte Sortiment der erstaunlichen Pralinen von Alexandra Clark.

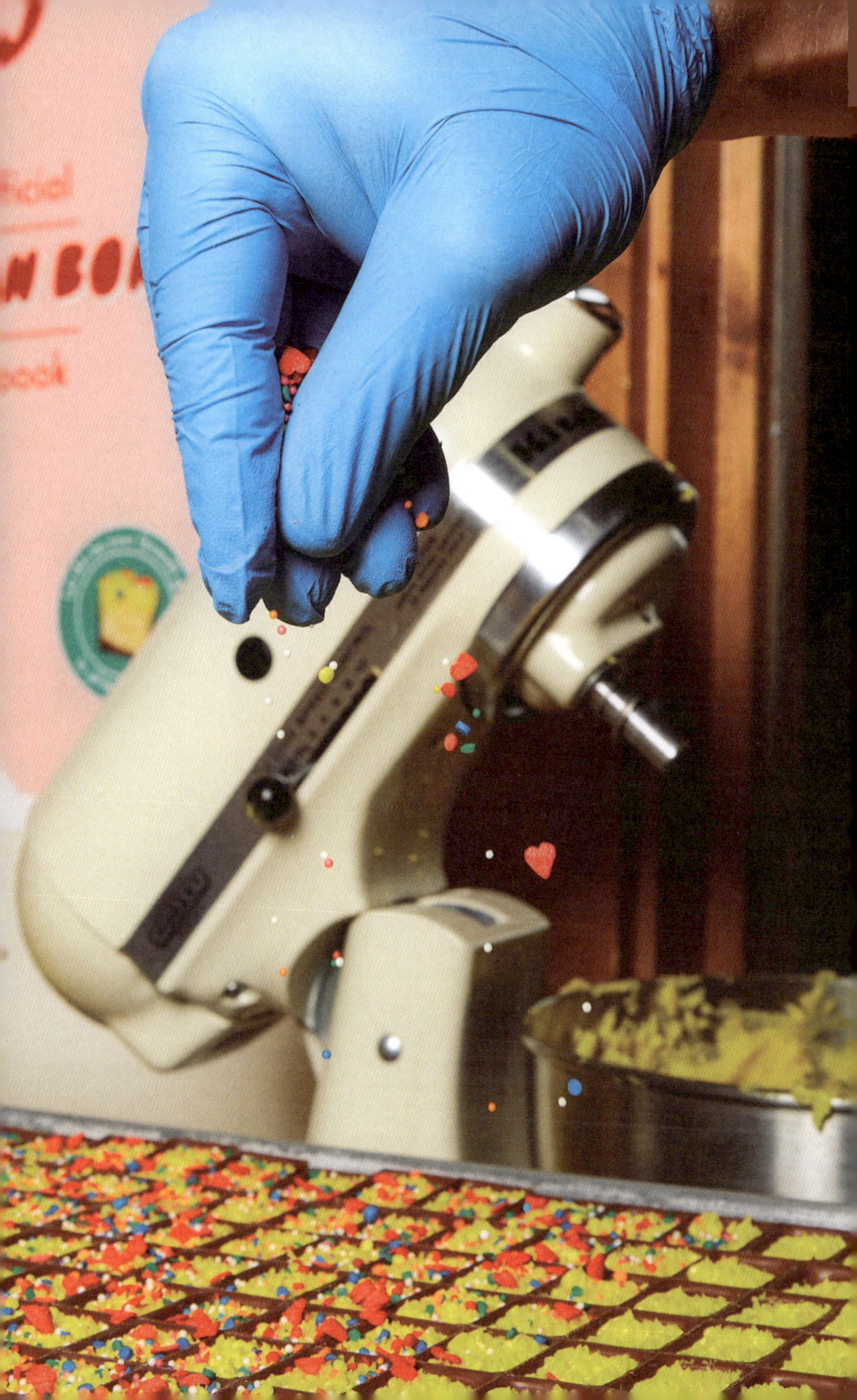

#09

EINE ZEICHENSTUNDE
IM PRIVATCLUB

In Detroit gibt es noch viele Clubs, die allerdings meist sehr elitär und allein den Mitgliedern vorbehalten sind. Der Scarab Club wurde 1907 von einem Kollektiv von Künstlern und Mäzenen gegründet, doch lässt sich diese Insider-Adresse an den hin und wieder stattfindenden öffentlichen Events entdecken. So kann man sich etwa für 15 Dollar zu einer Zeichenstunde mit einem Aktmodell anmelden.

Nutzen Sie nach dem Kurs die Gelegenheit, die mittelalterlich anmutenden Innenräume zu besichtigen. Sie sind ganz in dunklem Holz gehalten und mit Reliefs und Gemälden dekoriert. Der große Stolz des Clubs ist der berühmte Balken im zweiten Stock, auf dem sich viele Künstler verewigt haben: Diego Rivera, Marcel Duchamp, Margaret Bourke-White, Isamu Noguchi ...

SCARAB CLUB
217 FARNSWORTH ST

(313) 306-9191

scarabclub.org
Instagram: @scarabclubdetroit

John Sloan
Max Eastman

© PRINCE CONCEPT

10

CORE CITY ENTDECKEN – DAS EXPERIMENTELLE VIERTEL

Core City ist ohne Frage das innovativste Viertel der Stadt – und das Hauptquartier der Architekten und Designer.

Der Investor Philip Kafka, der es in der New Yorker Werbebranche zu Geld gebracht hat, machte sich vor etwa zehn Jahren an ein neues Abenteuer: die Wiederbelebung eines zentrumsnahen, aber heruntergekommenen Stadtteils. Er sieht es ganz einfach: Jedes Gebäude, das er entwirft, liegt im Grünen und ist ein Erlebnis für sich. Sein erstes Projekt waren mehrere futuristisch anmutende Metallhäuser, ein Stück weiter steht ein noch verblüffenderes, langes Gebäude, ebenfalls aus Metall, das in acht Wohneinheiten unterteilt ist. Die Räume sind fast so hoch wie in einer Kathedrale, und das Ganze befindet sich geschützt in einem dichten Wäldchen. Heute haben sogar New Yorker, Kanadier und Franzosen beschlossen, in diesem boomenden Viertel eigene Häuser zu bauen.

© CAFE PRINCE

Beginnen Sie Ihren Spaziergang im Core City Park, wo Sie im **Cafe Prince** einen Kaffee trinken, bei **Bev's Bagels** einen Bagel essen, und am Wochenende in der benachbarten **Mother-Loaf**-Bäckerei das beste Brot der Stadt probieren können.

CAFE PRINCE 4884 GRAND RIVER AVE, UNIT 1A	BEV'S BAGELS 4884 GRAND RIVER AVE
thecafeprince.com Instagram: @cafeprince.corecity	bevsbagels.com Instagram: @bevsbagels

© MOTHER LOAF

THE MOTHER LOAF BREAD
4884 GRAND RIVER BLVD

(313) 512-8292	Instagram: @themotherloaf

Auf der 18th Street liegt mit einem Gemeinschaftsgarten und mehreren Holzbauten das **Huckleberry Explorers Club Museum**. Ein Intellektuellenpaar hat beschlossen, sich hier ein alternatives Leben aufzubauen. Shuffy ist Buddhistin, ihr Partner Morgan ist Franziskaner. Nachdem sie lange in Brooklyn gelebt hatten, beschlossen sie, in Detroit ihre eigene fantastische Welt zu erschaffen. Zum Haus gehört ein *General Store*, ein kleiner Second-Hand-Laden, in dem Shuffy verkauft, was ihr gerade einfällt, und zu jedem Gegenstand eine kurze Botschaft schreibt. Im anderen Raum hängen an den mit Pappe verkleideten Wänden kleine Zettel und Gegenstände. Nehmen Sie sich eine der bereitgestellten Lupen, sehen Sie sich alles genauer an und lassen Sie sich von der Poesie im Raum inspirieren.

HUCKLEBERRY EXPLORERS CLUB MUSEUM
2660 BUCHANAN ST

huckleberryclub.com

Zum Abendessen haben Sie die Wahl zwischen mehreren Adressen: **Barda**, ein Restaurant mit argentinischen Einflüssen, oder dessen preisgünstigere Zweigstelle **Puma**. Hier werden köstliche Sandwiches wie z. B. das *Choripan* (mit gegrillter Chorizo) serviert. Im **Lady of the House** kommt das Essen direkt vom Bauernhof (*farm to table*), und bei **Vesper**, einer Weinbar in einem ehemaligen Bankgebäude, kann man in Kochbüchern schmökern.

Wenn Sie diesen außergewöhnlichen Tag noch mit einer Nacht in einem Airbnb im Viertel beenden, dann haben Sie alles richtig gemacht!

ARDA

© BARDA

BARDA
4842 GRAND RIVER AVE

(313) 952-5182

bardadetroit.com
Instagram: @barda_detroit

© BOOTH ONE CREATIVE - MARK KURLYANDCHIK

PUMA
4725 16TH ST

(313) 819-6804

pumadetroit.com
Instagram: @puma_detroit

© LADY OF THE HOUSE

LADY OF THE HOUSE
4884 GRAND RIVER AVE UNIT 1C

(313) 230-4678
ladyofthehousedetroit.com
Instagram: @ladyofthehousedetroit

VESPER BOOKS & WINE
5001 GRAND RIVER AVE

(313) 716-1708
vesperbooksandwine.com
Instagram: @vesperbooksandwine

11

SOUL FOOD IN DER BAULÜCKE

Seit etwa zehn Jahren servieren Küchenchefin Meiko Krishok und ihr Team vom Pop-up Pink Flamingo jeden Donnerstag von Mai bis Oktober in einer Baulücke im Stadtteil North Corktown wahre Geschmacksexplosionen aus Erzeugnissen der umliegenden Bauernhöfe, oft asiatisch oder mit Soul-Food-Einflüssen.

Ob mit Familie, Freunden oder Nachbarn – hier kann man an einem Picknicktisch oder auf einem der großen pinkfarbenen Reifen im Garten wunderbar relaxen.

Auf der Speisekarte stehen immer etwas Vegetarisches, ein Fleischgericht, die drei ikonischen Saucen des Hauses (Bananenketchup, Chipotle-Miso, Kräutersauce), Hibiskuslimonade und die berühmten Fleischbällchen nach Omas Rezept. Ein einzigartiges Erlebnis!

PINK FLAMINGO
CORKTOWN POP-UP
2746 VERMONT ST

jeden Donnerstag von Mai bis Oktober

(313) 826-1454

pinkflamingodetroit.com
Instagram: @pinkflamingodetroit

FOTOS © BRITTANY CREESON

OPEN

GREEN SAUCE
BANANA KETCHUP

12527

FOTOS © GERARD + BELEVENDER

#12

BASKISCHEN KÄSEKUCHEN MIT ESSIG-REDUKTION SCHLEMMEN

In einer ehemaligen Feuerwache aus dem Jahr 1910 liegt das Ladder 4, wo sich hippe und begüterte Bewohnerinnen und Bewohner aus den Vororten ein raffiniertes, klassisches Gaumenerlebnis gönnen.

Die Gerichte sind immer perfekt ausbalanciert, manchmal überraschend neu interpretiert. Dazu wählt Küchenchef John Yelinek, auch ein erfahrener Sommelier, vorwiegend europäische Weine aus, die in den Vereinigten Staaten nicht so leicht zu finden sind.

Wenn Ihre Zeit für ein komplettes Menü nicht ausreicht, dann probieren Sie zumindest den berühmten *Basque Burnt Cheesecake* mit seiner dunkel gebrannten und mit einer Essig-Reduktion übergossenen Kruste, und genießen Sie dazu ein Glas Wein.

LADDER 4 WINE BAR
3396 VINEWOOD ST

(313) 638-1601

ladder4winebar.com
Instagram: @ladder4winebar

BIG MOOD

#13

ESSEN WIE IN **EL SALVADOR**

Unter den zahlreichen Foodtrucks und Restaurants im Latino-Viertel Southwest Detroit sollten Sie unbedingt der Pupusería unweit der Livernois Avenue einen Besuch abstatten.

Das Lokal macht nicht viel her, aber auch darin liegt sein Reiz: Als einziges Dekor hängen Servietten mit Illustrationen von El Salvador an der Wand. Fast niemand spricht hier Englisch, und so gut wie alle Kundinnen und Kunden sind lateinamerikanischer Herkunft.

Für drei Dollar bekommen Sie das salvadorianische Nationalgericht Papusa, ein Teigfladen aus Maisgrieß oder Reismehl, ähnlich einer venezolanischen oder kolumbianischen Arepa, gefüllt mit Käse, Fleisch oder Gemüse. Als Beilage gibt es fermentierten Kohl und scharfe Saucen. Probieren Sie auch die perfekt gegarten, karamellisierten Kochbananen, die mit Sour Cream und einem pikanten, gut gewürzten Bohnenpüree serviert werden.

PUPUSERÍA Y RESTAURANTE SALVADOREÑO
3149 LIVERNOIS

(313) 899-4020

© MYTHY HUYNH

El Salvador
PUPUSAS DE QUESO, ARROZ Y CHICHARRON
-TAMALES
-CAFE

FOTOS © HELMUT ZIEWERS

#14

DREI GANZ BESONDERE **KINOS**

Zur größten Freude der Kinofans besitzt Detroit gleich drei Programmkinos mit einzigartiger Architektur.

> **Redford Theatre**

Waren Sie schon einmal in einem Theatre von 1928, das innen wie ein japanischer Tempel aussieht? Willkommen in der Fantasiewelt des Redford Theaters! Schauen Sie sich hier mit Ihrer Begleitung alte Filmklassiker an und achten Sie auf die Programmankündigungen.

Stummfilme mit Orgelbegleitung

Im Redford und im Senate Theatre werden die Stummfilme live auf einer sensationellen Kinoorgel begleitet. Im Redford handelt es sich um ein Modell von Barton, das majestätisch auf der Bühne thront. Das äußerst seltene Instrument wird von der Motor City Theatre Organ Society unterhalten.

REDFORD THEATRE
17360 LAHSER RD

(313) 537-2560

redfordtheatre.com
Instagram: @redfordtheatre

© HELMUT ZIEWERS

> The Senate

Das Senate Theater wird von derselben Organisation geleitet wie das Redford. Es musste schwierige Zeiten bewältigen, hat jedoch überlebt. Die Architektur ist hier schlichter als beim Schwesterkino, doch ein paar Art-déco-Details verleihen ihm einen besonderen Charme. Die Programmauswahl ist eher unkonventionell und anspruchsvoll, was vor allem die jungen Kreativen der Stadt anspricht.

SENATE THEATER
2957, 6424 MICHIGAN AVE

(313) 894-0850

senatetheater.com
Instagram: @senatetheater

> The DFT

Im Detroit Institute of Arts (DIA), dem großen Kunstmuseum von Detroit, liegt ein herrliches Kino: das Detroit Film Theatre (DFT). Hierher kommt man wegen des hochwertigen Programms, das jede Woche wechselt. Programmleiter Eliott Wilhelm reist jedes Jahr immer wieder durch die Welt und sucht persönlich die Filme aus, die er zeigen will. Auch das Kurzfilmfestival, zu dem zahlreiche Fans kommen, ist eine Tradition des DFT.

DETROIT FILM THEATRE
5200 JOHN R ST

(313) 833-4005

dia.org/events/detroit-film-theatre
Instagram DIA: @diadetroit

SENATE
Home of the Detroit Theater Organ Society
Home of the Detroit Theater Organ Society
D T O S
SILENT MOVIE
ORGAN POPS CONCERT
6424

15

EIN FUTURISTISCHER SPIELPLATZ

Auf der Warren Avenue, an der Grenze zwischen Detroit und Dearborn (dessen Bevölkerung überwiegend nahöstliche Wurzeln hat), ragt eine auffallende Metallstruktur mit futuristisch anmutenden Zacken in den Himmel. Diese Installation gehört erstaunlicherweise zu einem Kinderspielplatz im Warren Gateway Park.

Der Kletterparcours ist für Kids eine echte Herausforderung: Mehrere Etappen müssen überwunden werden, bis man oben ankommt und über die Tunnelrutschbahn wieder hinunterrutschen kann. Ziel war hier ein multisensorisches, stimulierendes Projekt, das die Kinder dazu anregt, sich draußen auszutoben. Die Installation gehört zu einem viel umfangreicheren Konzept, nämlich zum Joe Louis Greenway, einem 44 Kilometer langen Grünzug, dessen Gestaltung 2009 begann.

Der Rundweg führt um ganz Detroit herum, durch mehrere Stadtviertel, von denen manche trotz ihrer hohen Bevölkerungsdichte lange vernachlässigt wurden.

WARREN GATEWAY
JOE LOUIS GREENWAY
8034 W WARREN AVE

© CHELSEA IRONS-LIGHT

Die Stadt will hier eine neue Perspektive aufzeigen, Zugang zur Natur und zu Freizeitaktivitäten ermöglichen, und zugleich eine fußläufige Verbindung zwischen den einzelnen Stadtteilen mit ihrer kulturellen und historischen Diversität schaffen. Zwischen Fluss und Stadtrand entdeckt man somit zwei andere „Städte innerhalb der Stadt“: Hamtramck, das früher von Polen bewohnt wurde (heute stammen die Bewohner eher aus dem Jemen und Bangladesch)

und Highland Park, mit einer vorwiegend afroamerikanischen Bevölkerung.

Am besten startet man am Dequindre Cut, einer stillgelegten Gleisstrecke, die zur Promenade umgebaut wurde und ein sehr schönes Industriepanorama bietet. Hier fährt man gern Fahrrad, Inlineskates und Skateboard oder macht mit der Familie einen Spaziergang, genießt das saisonale Freizeitangebot und bewundert die Graffitis.

© MBAD AFRICAN BEAD MUSEUM

© MBAD AFRICAN BEAD MUSEUM

#16

EIN MUSEUM, **DAS AN DIE KRAFT AFRIKANISCHER TRADITION ERINNERT**

Lange Zeit war Detroit die Stadt der Do-it-yourself-Bewegung und der „Raw Art“: Die Künstler schufen ihre Werke oft mit Materialien, die sie auf der Straße und an verlassenen Orten fanden. Eine der Initiativen, die alle sehen wollten, war das „Heidelberg Project“, bei dem sich ein ganzer Stadtteil mit Kunstinstallationen füllte, die sich die Einwohnerinnen und Einwohner ausgedacht hatten.

In den Nullerjahren setzte der afroamerikanische Künstler Olayami Dabls an der Straßenecke Grand River/West Grand Blvd seine Vision um: Er schuf einen Raum, der seiner Community das aussagestarke afrikanische Kulturgut wieder nahebringen sollte.

MBAD AFRICAN BEAD MUSEUM
6856 VINEWOOD ST

(313) 898-3007

mbad.org
Instagram: @mbadafricanbeadmuseum

© MBAD AFRICAN BEAD SHOP

So entstanden Kunstinstallationen aus Stein, Stahl und Holz (Holz steht in der afrikanischen Kultur für Kraft und Weisheit; Bäume werden als Wesen mit menschenähnlichen Eigenschaften betrachtet). Die ebenfalls eingesetzten Spiegel wurden von den Ahnen als Portale genutzt, wendeten negative Energien ab und dienten der Selbstreflexion.

Heute besichtigt man mit großem Genuss sein Perlenmuseum, in dem Tausende von Perlenketten hängen und an die große Bedeutung und Heilkraft der Steine erinnern.

Olayami Dabls begrüßt die Besucher immer mit einem breiten Lächeln und weiß viele Geschichten im Zusammenhang mit seiner Kultur zu erzählen.

#17

PAUSE MACHEN, **BEI YOGA UND KÖSTLICHER BOUILLON**

Als Industriestadt im wirtschaftlichen Wandlungsprozess, mit langen, harten Wintern, kann Detroit schon sehr anstrengend sein. Da geht nichts über eine kurze Pause, um sich zu stärken und sich etwas Gutes zu tun. Lara Rasmussen, eine junge Deutsche, die viele Jahre in New York gelebt hat, suchte einen Yoga-Kurs, wie sie ihn aus der Metropole gewohnt war. Da sie jedoch nichts fand, was genau ihren Erwartungen entsprach, eröffnete sie kurzerhand ihr eigenes Studio, in dem sie Hot Yoga und Pilates anbietet.

Das Tüpfelchen auf dem i: Nach dem Kurs kann man sich eine köstliche Kraftbrühe (aus Geflügel oder Rind) bestellen. Wenn man sich verausgabt hat, geht doch nichts über dieses kostbare Elixier mit viel Kollagen, Mineralstoffen und Aminosäuren. Es stärkt das Immunsystem, die Knochen und die Gelenke und trägt zum Wiederaufbau der Muskeln, zur Verdauung, zu einem guten Schlaf und zur Schönheit von Haut und Haaren bei ...

HOT BONES
2895 E GRAND BLVD

Instagram: @hotbonesdetroit

hotbonesdetroit.com

HOT
BONES

SCHVITZ

#18

ZUM ABSCHLAGEN **MIT BIRKENQUASTEN IN DIE SAUNA**

Auf der Oakland Avenue, in einem ruhigen, sanierten Stadtteil, steht ein imposantes graues Gebäude mit schlichter Fassade. Nur ein rotes Neonschild weist auf den Eingang zum „Schvitz“ hin. Hinter der Tür empfängt Sie ein Dekor ganz im Stil von Kult-Regisseur David Lynch, mit rotem Teppich und Messingklingel. Für 40 Dollar können Sie den ganzen Tag in der Sauna verbringen. Mit Badeanzug, Bademantel und Bademütze bekleidet geht es zu den beiden russischen Banjas hinunter, ins Trocken- oder ins Dampfbad.

Die ursprünglichen weißen Kacheln und das Datum „1930“, das am Beckenrand steht, geben den Ton an. Von der Purple Gang bis zum Swingerclub – es mangelt nicht an Anekdoten aus der Vergangenheit. Doch heute mischen sich an diesem ikonischen Ort die Generationen.

THE SCHVITZ HEALTH CLUB
8295 OAKLAND AVE

(313) 724-8489

schvitzdetroit.com
Instagram: @theschvitz

Wenn Sie es noch authentischer mögen, buchen Sie die *platza session*: Auf der obersten Stufe der Sauna – dort, wo es am heißesten ist – klopft Sie die Tochter des Eigentümers eine halbe Stunde lang mit Birkenreisig ab, bevor sie Sie ins eiskalte Wasserbecken schickt.

Besuchen Sie zum Abschluss, immer noch im Bademantel, das Restaurant im Obergeschoss, das eine sehr gute, an der osteuropäischen Küche inspirierte Karte hat.

Wer ein privateres Erlebnis wünscht, kann gleich nebenan das hauseigene Airbnb reservieren, natürlich inklusive Sauna und Eisbad!

SHOWER MAY BE
HOT

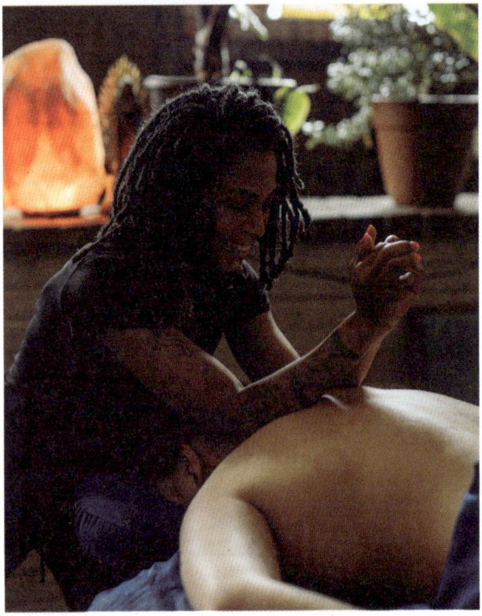

1930

#19

IN EINER UNGEWÖHNLICHEN BAR **DIE WELT DES „MAGICK“ ERKUNDEN**

Die Black Salt Bar ist mehr als ein gewöhnliches Nachtlokal: Sie können hier ein paar Tarotkarten ziehen, und zum Cocktail gibt es als Beigabe ein Säckchen mit Zaubermitteln (und den dazugehörigen Zaubersprüchen), damit sich alle Ihre Wünsche erfüllen. Sonntags liest Ihnen eine Wahrsagerin für 35 Dollar die Karten.

Laut Zoey Ashwood, der Eigentümerin der Black Salt Bar, besucht man eine Bar auch, um sich etwas Zeit für sich zu gönnen und ein bisschen *Magick* zu praktizieren – das Ausüben einer Naturreligion mit zeremonial-magischer Tradition.

THE BLACK SALT
2764 FLORIAN ST,
HAMTRAMCK, MI 48212

Instagram: @theblacksalt_bar | theblacksaltbar.com

© THE BLACK SALT

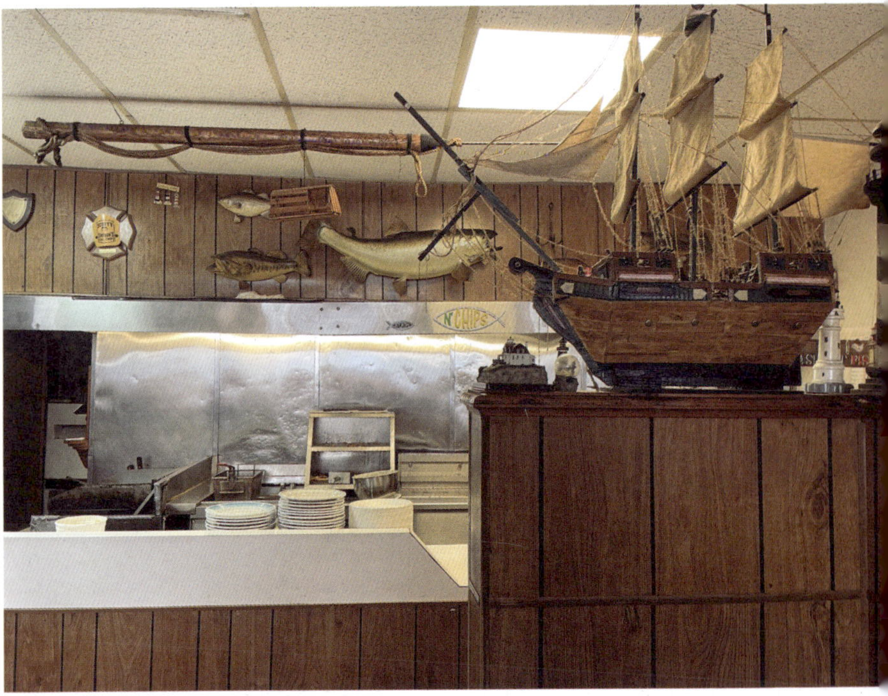

Scotty Simpson's
FISH & CHIPS
313-533-0950

#20

TOPP-TIPPS – **DIE BESTEN ADRESSEN ZUM FISCHESSEN**

> **Scotty Simpson's Fish & Chips:** Bei Detroit denkt man zwar nicht sofort an Meeresfrüchte und Fisch, doch drei Adressen lohnen einen Umweg.

Im Ghetto hat ein waschechtes *Diner* im Stil einer alten Fischerhütte überlebt. Der heutige Besitzer von Scotty Simpson's heißt Harry Barber und steht seit 1966 von Dienstag bis Samstag hinter dem Herd. Nichts hat sich verändert: Plastikfische an der Wand, derselbe Teppich, dieselben Holzstühle mit orangefarbener Sitzfläche.

Die Bedienung folgt einem alten Ritual und fragt, ob Sie zum ersten Mal da sind. Wenn Sie das bejahen, kommt der Spruch: „Sehr schön, dann sehen wir Sie ja morgen wieder!"

Man weiß hier, dass das *Fish and Chips* des Hauses ein Gedicht ist. Das Geheimnis? Das Frittierfett ist halb tierisch und halb pflanzlich. Der *Coleslaw* ist frisch und enthält keine Mayonnaise – und freitags gibt es hausgemachte Desserts.

SCOTTY SIMPSON'S FISH & CHIPS
22200 FENKELL AVE

(313) 533-0950

scottysfishandchips.com

> **Sweetest Heart of Mary:** Während der Fastenzeit wird die Sweetest Heart of Mary Church an bestimmten Tagen zum Restaurant. Es kommen viele Familien, die das große, gesellige Fish Fry genießen, bei dem frittierter Fisch, frittierte Shrimps oder eine köstliche Suppe, meistens Hummersuppe, aufgetischt werden. Wenn Sie schon hier sind, sehen Sie sich doch auch die Kirche an – sie ist sehenswert, wie die meisten Kirchen in Detroit.

SWEETEST HEART OF MARY CHURCH
4440 RUSSELL ST

(313) 831-6659
motherofdivinemercy.org/sweetest-heart-of-mary

Rufen Sie an oder besuchen Sie die Website, um die genauen Termine zu erfahren

> **Baobab Fare:** Im Baobab Fare, einem ostafrikanischen Restaurant, schmeckt insbesondere der *Samaki*, ein traditionell zubereitetes Fischgericht mit Reis, Kochbananen, kaltem Mais und geschmorten Bohnen.

BAOBAB FARE
6568 WOODWARD AVE SUITE 100

(313) 265-3093

baobabfare.com
Instagram: @baobabfare

© BOOTH ONE CREATIVE

#21

ERSTAUNLICHE GÄRTEN AUF VERLASSENEN GRUNDSTÜCKEN

Im ruhigen Stadtviertel Poletown verstecken sich erstaunliche Gärten, die alle von einer alternativen Gemeinschaft ortsansässiger Einwohner entworfen und verwirklicht wurden.

Andrew „Birch" Kemp, der Co-Direktor des Arboretum Detroit, zog vor rund 20 Jahren hierher. Für den begeisterten Baumliebhaber Kemp war es wichtig, die brachliegenden Grundstücke, die sich die Natur nach und nach zurückerobert hatte, aufzuwerten und den Beton so weit wie möglich durch Pflanzen zu ersetzen. Seitdem hat er gemeinsam mit den 14 Mitgliedern seines Vereins und mithilfe von lokalen Partnerschaften 40 Grundstücke von der Stadt erworben und in sechs öffentliche Parks umgewandelt.

ARBORETUM DETROIT NURSERY
3300 E PALMER ST

Instagram: @arbdetroit | arbdetroit.org

Bäume sind eine Quelle der Inspiration: Sie tragen zum Abbau der Luftverschmutzung bei, sie verbinden Mensch und Umwelt und dienen sogar als Heilmittel. Auf einem Spaziergang durch das Viertel lassen sich die ganz unterschiedlichen Gärten erkunden. Beginnen Sie mit Circle Forest, wo gerade ein neues Ökosystem entsteht. Von den Hügeln wird hier das Regenwasser zu den Bäumen geleitet, und ein Holzsteg führt mitten in ein Wäldchen, in dem aus Baumscheiben ein Spielbereich für Kinder angelegt wurde. Ein Stückchen weiter betont Kemp die Relevanz von Wiesenflächen. Wird das Gras nicht gemäht, bleibt das ökologische Gleichgewicht erhalten. Die Wiesen haben eine kühlende Wirkung und die Nährstoffe in der Erde regenerieren sich. Die hohen Gräser schaffen ein zauberhaftes Umfeld, in dem sich Insekten, Reptilien, kleine Säugetiere und Vögel wohlfühlen. SetzenSie den Spaziergang fort und lassen Sie sich von den Bäumen und Wegweisern leiten. Wie Kemp sagt: „Das hier ist ein Ort, an dem man Bäume und Wälder lieben lernt."

© SISTER PIE

#22

PIE-TASTING
BEI LISA LUDWINSKI

Die einzigartigen *Pies* von Lisa Ludwinski enthalten viel Butter, Früchte und Sahne. Sie sind üppig, aber zugleich wunderbar leicht und werden aus lokalen Erzeugnissen zubereitet. Das Unternehmen, das Lisa unter dem Namen „Sister Pie" gegründet hat, arbeitet nachhaltig und beteiligt auch die Angestellten am Gewinn.

Die Bäckerin lässt sich von dem inspirieren, was Michigan (der US-Bundesstaat mit der zweitgrößten Agrarproduktion) in der jeweiligen Jahreszeit zu bieten hat. So werden im Sommer Kirschen und im Herbst Äpfel verarbeitet. Wenn Sie nur eine einzige *Pie* kosten wollen, dann sollte es die mit Salz und Ahornsirup sein, die immer auf der Karte steht.

SISTER PIE
8066 KERCHEVAL AVE

(313) 447-5550

sisterpie.com
Instagram: @sisterpiedetroit

© SISTER PIE

#23

DIE ANGESAGTESTE **BIERKNEIPE DER STADT**

Das Motto von Kyle Hunt, der die Collect Beer Bar führt, lautet: „Sich auf das Einfache konzentrieren und die Leute den Raum gestalten lassen." Das ist ihm gelungen: Die Collect Beer Bar wurde im Laufe der Jahre tonangebend – zuerst als kleines Lokal im Eastern Market und jetzt im East Village, als derzeit trendigste Location.

In einem Gebäude aus weißen Ziegeln mit vielen runden Glassteinen findet sich ein minimalistisches Dekor mit modernen Designelementen.

COLLECT BEER BAR
9301 KERCHEVAL AVE

Instagram: @collect.beerbar | collect-beerbar.com

Die Bierkarte wechselt wöchentlich, mit Bieren aus aller Welt, die Kundschaft besteht aus Stammgästen und Familien.

Im Sommer spielen die Kinder auf den rosa Betonbänken im Außenbereich, während die Eltern die gesellige Atmosphäre genießen.

Zwei Events sollten Sie nicht verpassen: Jeden Mittwoch gibt es die aktuelle Folge der in den USA immer noch sehr beliebten Reality-Fernsehserie *Survivor* zu sehen. Und außerdem werden Gaelic-Football-Spiele gezeigt, deren Übertragungen in den USA nicht leicht zu finden sind. Deshalb kommen auch Fans aus Nord-Michigan hierher.

AQUARIUM

#24

DIE GEHEIMNISSE VON BELLE ISLE AUFDECKEN

Sie können einen ganzen Nachmittag damit zubringen, Belle Isle, die einzige Insel von Detroit, zu erkunden – und von hier nach Kanada schauen, das auf der anderen Seite des Detroit Rivers liegt. Malen Sie sich aus, wie damals während der Prohibition die *bootleggers* (Schmuggler) mit dem Motorrad über den zugefrorenen See fuhren, um in Kanada den Alkohol für die *speakeasys* (geheime Flüsterbars) der „Motor City" zu holen ...

> **Das Aquarium:** Das schon seit 1904 existierende Aquarium ist das älteste der USA und wahrscheinlich eines der schönsten. Der Ziegelbau im Beaux-Arts-Stil wurde von den berühmten Architekten Albert Kahn und George D. Mason entworfen. Das Innere ist noch eindrucksvoller: Unter den grün schillernden Fliesen des Deckengewölbes fühlt man sich wie unter Wasser und taucht in eine fabelhafte aquatische Atmosphäre ein.

Heute beherbergt das Aquarium eine der schönsten Sammlungen von Lungenfischen, die je gezeigt wurde, sowie die einzige bekannte Sammlung der sieben nordamerikanischen Knochenhechtarten.

BELLE ISLE AQUARIUM
3 INSELRUHE AVE

(313) 331-7760

belleisleconservancy.org/bia
Instagram: @belleisleaquarium

© BRANDON PARSONS

> **Das Gewächshaus des Anna Scripps Whitcomb Conservatory:** Unter der großen Glaskuppel gedeihen Hunderte von Pflanzen. Das Design dieses ebenfalls von Albert Kahn entworfenen Meisterwerks ist von Monticello, dem Landgut von Thomas Jefferson in Virginia, inspiriert. Hier befindet sich eine eindrucksvolle Orchideensammlung, die dem Botanischen Garten 1955 von Anna Scripps Whitcomb geschenkt wurde, der Erbin von James E. Scripps, Gründer der *Detroit News*. Das Gewächshaus ist in fünf Bereiche unterteilt: Palmenhaus, Tropenhaus, Kakteenhaus, Farngarten und Haupthalle.

ANNA SCRIPPS WHITCOMB CONSERVATORY
4 INSELRUHE AVE

(313) 821-9844

belleisleconservancy.org/anna-scripps-whitcomb-conservatory
Instagram: @belleisleconservancy

T DETROIT - CHARLES FALSETTI

> **Ein Abstecher zum Hipster Beach:** Im Sommer trifft sich die Jugend gern am Hipster Beach, dem versteckten Strand der Insel, um im Fluss zu baden. Der Weg dorthin beginnt auf Höhe des Blue Lagoon Heron Trail und führt erst in Richtung Leuchtturm (William Livingstone Memorial Lighthouse). Danach geht es nach links zu verschiedenen Uferstellen, die zum Relaxen einladen. Umgeben von den hohen Gräsern ist das Stadtleben schnell vergessen. Dieser Spaziergang lohnt sich zu jeder Jahreszeit.

> **Der Piet-Oudolf-Garten:** Ein Gartenclub in Detroit schrieb 2016 an den niederländischen Stargärtner Piet Oudolf, der in der Gartengestaltung mit Gräsern und Stauden eine bahnbrechende Rolle spielt, und bat ihn, einen Park für Detroit zu entwerfen.

Nachdem Oudolf zur Gestaltung der High Line in New York und des Lurie Garden in Chicago beigetragen hatte, willigte er ein, Detroit zu besuchen, und schloss die Stadt schnell ins Herz. Er besichtigte mehrere Standorte und entschied sich schließlich für Belle Isle. Erstmals wurde ein Projekt komplett vom Gartendesigner selbst entworfen und ausschließlich von Freiwilligen umgesetzt, die über mehrere Jahre das nötige Kapital sammelten. Ein Projekt, auf das die Bewohner von Detroit stolz sein können!

Wie bei all seinen Kompositionen spielt Piet Oudolf auch hier mit Farben, Texturen und Höhen, damit der Park zu jeder Jahreszeit Wirkung entfaltet. Die ehrenamtlichen Helfer beteiligten sich mit vielen Arbeitsstunden. Als Resultat entstanden eine Wiese, ein Regengarten und im mittleren Bereich ein harmonisches Gefüge aus Blumenbeeten und Spazierwegen.

OUDOLF GARDEN DETROIT
LOITER WAY &, PICNIC WAY

(313) 474-4700

oudolfgardendetroit.org
Instagram: @oudolfgardendetroit

#25

MITTAGESSEN, MEDITATION UND YOGA IM HARE-KRISHNA-TEMPEL

Der Hare-Krishna-Tempel im herrlichen Fisher Manor ist ganz eindeutig einen Besuch wert. 1975 stellten die beiden Krishna-Anhänger Alfred Brush Ford (Urenkel von Henry Ford) und Elizabeth Reuther Dickmeyer (Tochter von UAW-Gewerkschaftsführer Walter Reuther) der Krishna-Bewegung die nötigen Mittel zum Kauf des Gebäudes zur Verfügung.

Das Herrenhaus, durch das man ungehindert flanieren darf, enthält 50 Räume im maurischen und spanischen Stil oder mit italienischem Renaissance-Dekor. Zur Innenausstattung gehören Marmorsäulen, gold- und silberfarbene Zierleisten, Wandvertäfelungen in Schwarznussholz, bemalte und lederbezogene Wände sowie Parkettböden aus Rosenholz.

ISKCON DETROIT (INTERNATIONAL SOCIETY FOR KRISHNA CONSCIOUSNESS)
383 LENOX ST

Yoga: So 16–17 Uhr; danach kostenlose vegetarische Mahlzeit

(313) 331-6740
iskcondetroit.com

Während der gut halbstündigen Gebetszeit (mehrmals täglich, genaue Zeiten siehe Webseite) wird auch das Chanten mithilfe einer Meditationsperlenkette praktiziert. Dabei wird der heilige Name *Hare Krishna* 108-mal angerufen. Das Chanten soll wenigstens 16-mal pro Tag wiederholt werden. Es dient dazu, das Bewusstsein zu klären und den

Geist auf die Beziehung zu Krishna zu fixieren. Mittags wird im Untergeschoss kostenlos eine vegetarische indische Mahlzeit angeboten: einfach, aber schmackhaft!

Sonntags ab 16.15 Uhr kann man sich auch mit allen anderen eine Mahlzeit im Hauptsaal teilen und sogar am Yoga teilnehmen.

© HARSHANTI

CORIANDER KITCH
AND FARM

CORIANDER KITCHEN
AND FARM

#26

EIN UNGEWÖHNLICHES **ERLEBNIS AM WASSER**

Wer hätte gedacht, dass es im Osten von Detroit Kanäle gibt? Im hübschen, friedlichen Stadtteil Jefferson Chalmers wurde am Ufer eines dieser Kanäle die **Coriander Kitchen** eröffnet, die ihren Gästen ein ungewöhnliches Erlebnis bietet.

In diesem bezaubernden Garten mit Blick aufs Wasser kann man einfach wunderbar entspannen, einen Happen essen und ein Glas trinken. Im Winter ist die Aussicht ebenso zauberhaft, wenn man sich in den verglasten Wintergarten setzt – besonders dann, wenn es schneit. Die Gerichte werden mit dem Gemüse vom Bauernhof der Besitzerin Gwen Meyer zubereitet. Weitere Zutaten kommen aus lokalen Geschäften, etwa aus der Metzgerei Marrow. Alles schmeckt erstklassig gut.

Gehen Sie nach dem Essen zu **Detroit River Sports** gleich nebenan und mieten Sie sich für anderthalb Stunden ein Kajak. So können Sie die Stadt aus einem völlig neuen Blickwinkel entdecken.

CORIANDER KITCHEN AND FARM
14601 RIVERSIDE BLVD

(313) 338-9466
corianderkitchenandfarm.com

DETROIT RIVER SPORTS
14601 RIVERSIDE BLVD, DETROIT, MI 48215

(313) 908-0484
detroitriversports.com
Instagram: @detroitriversports

#27

EINFÜHRUNG INS FEATHER BOWLING MIT BELGIERN

Das Feather Bowling im Cadieux Cafe ist mit dem Boule-Spiel vergleichbar. Die Regeln sind ähnlich, doch dabei rollt man einen Gegenstand, der aussieht wie ein Käselaib aus Holz, auf einer nach innen gewölbten Bahn.

Jeden Donnerstag ab 19 Uhr haben hier die Herren der höchst seriösen Feather-Bowling-Liga mit dem Bier in der Hand ebenso viel Spaß wie in Belgien, und das manchmal bis Mitternacht. Dasselbe gilt mittwochs für die Damen. Offizielles Ziel ist zwar der Sieg am Ende der Spielsaison und damit ein von Jeremy gezeichnetes Porträt für die Ehrengalerie an der Wand, doch das Wichtigste bleibt die Kameradschaft.

Das Lokal ist ein Treffpunkt für die belgische Community, die Bierauswahl ist erlesen, und zu den Spezialitäten des Hauses gehören Miesmuscheln und Kaninchenragout. Spielen Sie einfach mit. Vielleicht lassen Sie sich ja überzeugen, Mitglied in der Liga zu werden!

CADIEUX CAFE
4300 CADIEUX RD

(313) 882-8560
cadieuxcafe.com
Instagram: @cadieuxcafe

Von September bis April sind die Spielbahnen Di, Mi und Do für die Turnierspiele reserviert. An anderen Abenden können sie von allen gemietet werden (Reservierung empfohlen)
Kosten: Mo, Di 35 Dollar, Mi-So 55 Dollar pro Stunde und Bahn

DETROIT

FOTOS © JARRED GUILD

#28

BIER UND WEIßWURST **FÜR DEUTSCHE FORD-ARBEITER**

Im Dakota Inn geht es auf eine Reise zurück in die Zeit.

Hier hat sich seit 1933 nichts verändert. Damals beschloss Karl Kurz, der in der Ford-Fabrik arbeitete, eine alte chinesische Wäscherei aufzukaufen und dort seinen eigenen „Rathskeller“ zu eröffnen, damit sich die Gäste wie in Deutschland nach Feierabend auf ein, zwei Bier zusammensetzen konnten.

Das Lokal begann mit wenigen Biersorten und ein paar belegten Broten für die Fabrikarbeiter aus der Gegend. Doch Karls Enkel – ebenfalls ein Karl – übernahm 1986 das Zepter und legte den Fokus auf deutsche Tradition: bayerische Weißwurst, Schnitzel, Brathähnchen, Knackwurst ... Das Ganze wird serviert von Kellnerinnen in Tracht.

DAKOTA INN
17324 JOHN R. ST

(313) 867-9722 | dakota-inn.com

HOFBRÄU

Für dieses authentische Ambiente strömen noch heute viele Gäste von Donnerstag bis Samstag in den „Rathskeller".

Eine Reservierung wird dringend empfohlen, vor allem zwischen 18 und 22 Uhr, wenn sich die Sängerin ans Klavier setzt, Stimmung macht und alle gemeinsam mitsingen.

Zwei Events sollten Sie nicht verpassen: den Fasching, der jeden Samstag im Februar gefeiert wird, und natürlich das lokale Oktoberfest.

#29

DIE KULTIGSTEN **DONUTS DER STADT**

Auf der Woodward Avenue, der großen Kultmeile von Detroit, liegt fast schon am Stadtrand einer der ikonischsten Läden der „Motor City": Dutch Girl's Donuts.

Der Neonschriftzug in Rosa und Blau sowie das Bild einer kleinen Holländerin mit Tracht, Haube und Holzpantinen geben den Ton an. Hier ist seit 1947 alles beim Alten geblieben: Damals eröffnete die Familie Timmer das kleine Geschäft, in dem Cecelia jeden Tag 14 Stunden am Tresen stand.

DUTCH GIRL DONUTS
19000 WOODWARD AVE

(313) 826-6005

dutchgirldetroit.com
Instagram: @dutchgirldetroit

FOTOS © JARRED GUILD

Dutch Girl
DONUTS
19000
So Delicious!
Dutch Girl Donuts
19000
Woodward
EST. 1947
OPEN 24 HOURS
6:00 AM TUESDAY
TO
6:00 PM SUNDAY
CLOSED MONDAY

Heute hat der Besitzer gewechselt, doch alles ist intakt geblieben, mit Ausnahme von einigen Geräten, die ersetzt oder restauriert werden mussten. Hinter den großen Scheiben aus kugelsicherem (!) Glas ist Tag und Nacht ein kleines Team zugange: Die Donuts gibt es rund um die Uhr, von Dienstagmorgen um sechs bis Sonntagabend um 18 Uhr – allerdings nur, wenn nicht schon alles ausverkauft ist.

© JAMES HAEFNER PHOTOGRAPHY

© PD REARICK

#30

FABELHAFTE PLÄTZE
IN DEN VORORTEN

Detroit besitzt viele Vororte, die sich stark voneinander unterscheiden. Auch dort gibt es interessante Adressen, die Sie sich nicht entgehen lassen sollten. Hier unsere fünf Empfehlungen:

> **Cranbrook**, die Schule der großen modernen Architekten: Im eleganten Vorort Bloomfield Hills liegen nicht nur spektakuläre Herrenhäuser, sondern auch die Cranbrook Academy of Arts, eine renommierte Design-Hochschule in einem Gebäude mit viktorianischer Architektur. Während in Europa nach dem Ersten Weltkrieg noch die Einflüsse des Bauhauses mit seiner funktionalen Formenstrenge dominierten, entwickelte sich in Michigan ein gewisser Modernismus, dessen Hauptinspiration im Kunsthandwerk lag.

Schon in den 1930er-Jahren studierten und lehrten hier bedeutende Architekten und Designer wie Charles und Ray Eames, Harry Bertoia, Florence Knoll sowie Eero und Eliel Saarinen. Diese Strömung sollte die amerikanische Ästhetik wesentlich prägen. Heute kann man hier das Museum und die versteckten Gärten im großen Park besichtigen.

CRANBROOK ACADEMY OF ART
39221 WOODWARD AVE,
BLOOMFIELD HILLS, MI 48304

(248) 645-3323

cranbrookart.edu
Instagram: @cranbrook_arts

FOTOS © THE ROYAL EAGLE

> **The Royal Eagle**, ein authentisches (und wirklich einzigartiges) russisches Dinner: Niemand würde am Stadtrand von Detroit ein abgelegenes orthodoxes Kloster vermuten. Und dennoch: In den Nullerjahren gab man Archimandrit Pachomy Belkoff drei Jahre, um ein Grundstück für den Bau einer orthodoxen Kirche aufzutreiben. Damals war Detroit komplett im Niedergang begriffen, die Grundstücke verlassen und die Möglichkeiten unbegrenzt. Ein polnisches Ehepaar wollte sein Haus in Harper Woods verkaufen und Belkoff ergriff seine Chance. So begann ein langes Abenteuer.

Im Laufe der Jahre kaufte er die zehn Grundstücke ringsum, sogar eine Autowerkstatt, die von einer Gang betrieben wurde und später unter Küchenchef Petr Balcarovsky zum Restaurant The Royal Eagle werden sollte.

Dessen Konzept ist ganz einfach: ein Dinner pro Monat und zweimal *tea time* pro Woche. Das eingenommene Geld wird in den noch nicht vollendeten Bau investiert.

Reservieren Sie auf der Website und werfen Sie sich für das elitäre, außerordentliche, aber auch sehr gastfreundliche Erlebnis in Schale: Umgeben von russischem Dekor verspeisen Sie traditionelle Gerichte, die die europäische Geschichte geprägt haben, so etwa Bœuf Stroganoff, Borschtsch oder Filet Wellington.

THE ROYAL EAGLE
18725 OLD HOMESTEAD DR,
HARPER WOODS, MI 48225

(313) 521-1894

theroyaleagle.net
Instagram: @the_czech_mate_detroit

> **Sharaku,** „Ganz wie zu Hause“: 95 Prozent der in Detroit lebenden Japaner arbeiten in der Automobilindustrie. Sie treffen sich gern bei Sharaku zu einem vertrauten Zusammensein. Fragt man die Gäste, versichern sie einem, es sei hier „ganz wie zu Hause“. Chefkoch Suzuki und Manager Ken stellen sicher, dass die Tradition respektiert wird. Der Chef steht mit verschmitzter Miene hinter dem Tresen und sorgt für Unterhaltung, zum Beispiel führt er mit Vergnügen seine Sammlung Godzilla-Figuren vor, die ihm Kunden im Laufe der Jahre mitgebracht haben. Er kann zwar kaum Englisch, doch die hohe Kunst des Sushi beherrscht er.

Seinen Beruf erlernte Suzuki in seiner Geburtsstadt Niigata im Norden Japans und rührte, ganz wie es die Tradition will, vor seinem sechsten Ausbildungsjahr kein Stück Fisch an. Zudem bestätigt Ken: „Ein echtes japanisches Lokal erkennt man daran, dass die Misosuppe nach dem Sushi serviert wird.“

SHARAKU
6159 HAGGERTY RD,
WEST BLOOMFIELD TOWNSHIP, MI 48322

(248) 960-1888

sharakuhanzo.com
Instagram: @sharakudetroit

Ask The
BRAIN

ALEXANDER
THE

weighs
645
lbs

H·B·WARNER
THE MARKET OF
VAIN DESIRE
FOOD
PRESENTS
SLUSHIES
BOUNCIN' BLU RAZ
CHERRY CHERRY
GREAT GRAPE
LEAPIN LIME
LAUGHIN LEMONADE
MARVIN MELON
OUTRAGEOUS ORANGE
PERFECT PUNCH
STRAWBERRY BREEZE
MYSTERY

> **Marvin's Marvelous Mechanical Museum,** ein ausgefallener Ort: In Detroit gibt es eine Menge ungewöhnlicher Orte, aber dieser hier schießt bestimmt den Vogel ab.

Mitten in einem Einkaufszentrum versteckt befindet sich eine absolut schräge Spielhalle. In den 1960er-Jahren begann der Apotheker Marvin Yogoda, Spielautomaten aus aller Welt zu sammeln, einer verrückter als der andere. Figuren aus Holz und Pappmaché vollbringen Zaubertricks, sagen die Zukunft voraus, testen den Besucher ...

Eines Tages beschloss Marvin, einen Ort zu gründen, um seine Leidenschaft mit anderen zu teilen. Heute zieht das Museum nach wie vor Kinder und Erwachsene an, die sich hier amüsieren und Lose ziehen, in der Hoffnung auf den Hauptpreis oder einfach auf ein paar Süßigkeiten. In jeder Ecke stehen neben Vintage-Geräten auch brandneue Spielautomaten – für jeden ist etwas dabei.

MARVIN'S MARVELOUS MECHANICAL MUSEUM
6427 ORCHARD LAKE ROAD,
WEST BLOOMFIELD TOWNSHIP, MI 48322

(248) 626-5020

marvin3m.com

> **Mabel Gray,** ein absolutes Muss: Seit zehn Jahren eröffnen jedes Jahr neue trendige Restaurants, doch nur wenige sind tatsächlich etwas Besonderes. Besonders sind das berühmte Selden Standard, und vor allem das Mabel Gray am Hazel Park unter der Leitung von Chefkoch James Rigato.

Rigato wollte sein Restaurant unbedingt in diesem einstigen Arbeitervorort mit den angesagten *dive bars* etablieren. Seiner Meinung nach hat die US-amerikanische Küche noch keine richtigen Wurzeln, weil das Land zu jung ist. Deshalb bereist er jedes Jahr fünf verschiedene Länder, um sie auf sich wirken zu lassen und neue kulinarische Inspiration zu finden – und das merkt man seinen Gerichten an. Einflüsse aus Texas, Japan und Frankreich verschmelzen harmonisch zu spannenden, immer perfekt ausbalancierten Gaumenfreuden. Seine wahre Leidenschaft ist allerdings Champagner. Jedes Jahr reist er nach Frankreich, um neue Anbaugebiete zu entdecken. Entsprechend enthält die Getränkekarte zwei volle Seiten Champagner, mit Flaschen bis zu 650 Dollar.

Besonders renommiert ist das Restaurant für sein achtgängiges Überraschungsmenü zu 89 Dollar. Im August, wenn die Landwirtschaftsbetriebe auf Hochtouren laufen, wird im Mable Gray ein veganes Menü angeboten.

MABEL GRAY
23825 JOHN R RD,
HAZEL PARK, MI 48030

(248) 398-4300

mabelgraykitchen.com
Instagram : @mabelgraykitchen

1

© CHARLES FALSETTI

2

© MATT GUDIS

Dally in the Alley (1): Seit 1977 wird jeden September, am ersten Samstag nach dem Labor Day (Tag der Arbeit), in Midtown ein Stadtfest veranstaltet, das die lokale Kunst, Kultur, Gastronomie und Musik zelebriert. Das Event wird komplett von Freiwilligen organisiert, ohne kommerzielle Sponsoren.

St. Patrick's Day: Am 17. März wird im irischen Viertel Corktown der Todestag des irischen Nationalheiligen Patrick gefeiert. Alle Welt begibt sich dann zum Pub und gönnt sich dort ein Bier.

Marche du Nain Rouge: Der Legende zufolge wurde dem Stadtgründer Cadillac einst geraten, ein bösartiges Geschöpf zu beschwichtigen, um Unheil abzuwenden. Stattdessen schlug er jedoch auf den Nain Rouge (Roten Zwerg) ein, was zu seinem eigenen Niedergang führte. Nun vertreiben die Einwohner jedes Jahr an einem Sonntag im Frühling bei einer Parade den bösen Geist aus der Stadt.

Movement Festival (2): Am Wochenende des Memorial Day (Ende Mai) zieht dieses große Techno- und Electro-Festival Tausende von Menschen aus aller Welt an, die hier drei Tage lang gemeinsam feiern und tanzen. Zum Programm gehören auch viele After-Partys in der ganzen Stadt.

3

4

© CHARLES FALSETTI

Hamtramck Labor Day Festival: Am Wochenende des Labor Day (Tag der Arbeit) findet im polnischen Stadtteil Hamtramck, einer Enklave in Detroit, ein Fest mit Konzerten, Imbissständen, Bootsrennen und Ringkämpfen statt.

Cinco de Mayo (in Southwest) (3): Im mexikanischen Viertel feiert man zum Cinco de Mayo den Sieg des mexikanischen Generals Ignacio Zaragoza über die französischen Truppen in der Schlacht von Puebla am 5. Mai 1862.

Detroit Jazz Festival: Ende August können Jazzfreunde ein ganzes Wochenende lang im Stadtzentrum (Downtown) kostenlos zahlreiche, sehr hochwertige Konzerte genießen.

Tec-Troit: Ein kostenloses Festival für elektronische Musik, das jedes Jahr im August stattfindet. Es wird komplett von Freiwilligen organisiert und präsentiert im Container Globe lokale Techno- und House-Künstler.

Woodward Dream Cruise (4): Am dritten Samstag im August fährt zu Ehren der „Motor City" eine Parade der schönsten Oldtimer und Classic Cars die große Woodward Avenue entlang. Meistens bleiben die Autos ein paar Tage in der Stadt.

DANK

An die Familie Chronowski, meine polnischen Vorfahren, die Ende des 19. Jahrhunderts nach Detroit kamen und die durch unser gemeinsames amerikanisches Abenteuer fest in meiner Erinnerung verwurzelt sind.

An meine Freunde aus Core City (Chelsea, Dave, Milo, Arad, Elana, Philip, Roni, Randy, Seamus, Morgan, Shuffy, Sylvester, Victor, Darwin, Chano, Lady Worthy, William), der Stadtteil, der mich aufgenommen hat, mir die Chance geboten hat, ein eigenes Haus zu bauen, und es uns ermöglicht, Detroit durch all unsere schönen Projekte neues Leben einzuhauchen.

An Haley, Ryan und Patrick für unsere gemeinsamen Abenteuer – mit dem Fahrrad, am Fluss, im Club, im Restaurant, mit dem Auto ...

An Thomas, der bereit war, ein Buch über Detroit zu veröffentlichen, diese verkannte und doch so einzigartige Stadt.

An meinen Vater, der mir von klein auf die Lust am Schreiben vermittelt hat.

An meine Mutter, die mir Abenteuerlust mitgegeben und ihre Kindheitserinnerungen aus Detroit mit mir geteilt hat.

An Margot und Fantine, meine französischen Freundinnen, die mich in allem unterstützen, mich ermutigen und schon immer an mich geglaubt haben.

An Sergio.

An Detroit.

An diesem Buch haben mitgewirkt:
Margot Guicheteau, Autorin
Patricia Lux, Übersetzerin
Carola Köhler, Lektorat
Antje Eszerski, Korrektorrat
Emmanuelle Willard Toulemonde, Layout
Mado de La Quintinie, Konzeption

Umschlagfoto: © Adobe Stock – Sean Pavone
Illustrationen auf der Rückseite des Einbands
und Stadtplan: © H. Miller Ink

Schreiben Sie uns an info@jonglezverlag.com
Folgen Sie uns auf Instagram unter @soul_of_guides

DANKE

IM SELBEN VERLAG ERSCHIENEN

Atlas

Atlas der geografischen Kuriositäten
Atlas der Lost Places
Atlas der Wetterextreme
Atlas der außergewöhnlichen Weine

Bildbände

Baikonur – Relikte des sowjetischen Weltraumprogramms
Destination Wellness – Unsere 35 besten Orte der Welt zum Entspannen
Deutschland Lost Places
Ungewöhnliche Hotels
Venedig (Stilles)
Venedig aus der Luft
Verborgene Heiligtümer
Verbotene Orte
Verlassenes Deutschland
Verlassenes Frankreich
Verlassenes Italien
Verlassenes Japan
Verlassene Kinos der Welt
Verlassene Kirchen – Kultstätten im Verfall
Verlassene UdSSR
Verlassene USA

„Verborgenes" - Reiseführer

Verborgenes Amsterdam
Verborgenes Bali
Verborgenes Bangkok
Verborgenes Barcelona
Verborgenes Berlin
Verborgenes Brüssel
Verborgenes Budapest
Verborgene Dolomiten
Verborgenes Dublin
Verborgenes Edinburgh
Verborgenes Florenz
Verborgenes Genf
Verborgenes Granada
Verborgenes Hamburg
Verborgenes Istanbul
Verborgenes Kapstadt
Verborgenes Kopenhagen
Verborgenes Korsika
Verborgenes Lissabon
Verborgenes London
Verborgenes Los Angeles
Verborgenes Mailand
Verborgenes Neapel
Verborgenes New York
Verborgenes New York – Versteckte Bars und Restaurants
Verborgene Normandie
Verborgenes Paris
Verborgenes Potsdam
Verborgene Provence
Verborgenes Rom
Verborgenes Sevilla
Verborgenes Singapur
Verborgenes Stockholm
Verborgenes Tokio

„Soul of" - Reihe

Soul of Amsterdam – 30 einzigartige Erlebnisse
Soul of Athen – 30 einzigartige Erlebnisse
Soul of Barcelona – 30 Erlebnisse
Soul of Berlin – Einzigartige Erlebnisse
Soul of Brüssel – Einzigartige Erlebnisse
Soul of Kyoto – 30 einzigartige Erlebnisse
Soul of Lissabon – Einzigartige Erlebnisse
Soul of Los Angeles – 30 einzigartige Erlebnisse
Soul of Mailand – Einzigartige Erlebnisse
Soul of Marrakesch – 30 einzigartige Erlebnisse
Soul of Marseille – Einzigartige Erlebnisse
Soul of New York – 30 einzigartige Erlebnisse
Soul of Paris – 30 einzigartige Erlebnisse
Soul of Rom – 30 einzigartige Erlebnisse
Soul of Tokio – Einzigartige Erlebnisse
Soul of Venedig – 30 einzigartige Erlebnisse

Folgen Sie uns auf Facebook und Instagram

Gemäß geltender Rechtsprechung (Toulouse 14.01.1887) haftet der Verlag nicht für unbeabsichtigte Fehler oder Auslassungen, die in dem Reiseführer trotz größter Sorgfalt der Verlagsmitarbeiter möglicherweise vorhanden sind. Jede Vervielfältigung dieses Buches oder von Teilen daraus ohne ausdrückliche Genehmigung des Verlages ist untersagt.

© JONGLEZ 2025
Juli 2025 – 1. Auflage
ISBN: 978-2-36195-934-0
Gedruckt in der Bulgarien bei Dedrax